Les REQUINS

Tout un Monde en Photos

Piccolia

Les requins sont pour la plupart des prédateurs : ils chassent d'autres animaux pour les manger. Les requins vivent dans toutes les mers et océans de la planète, et quelques rares espèces remontent les fleuves.

Au contraire de la majorité des poissons, le squelette des requins est en cartilage et non en os. De tailles et d'aspects divers selon les espèces, les dents des requins se renouvellent dès qu'elles sont usées et tombent. Certains en comptent donc des milliers au cours de leur vie. La peau des requins est couverte de denticules, sortes d'écailles minuscules et dures qui favoriseraient leur hydrodynamisme et l'absence de parasites.

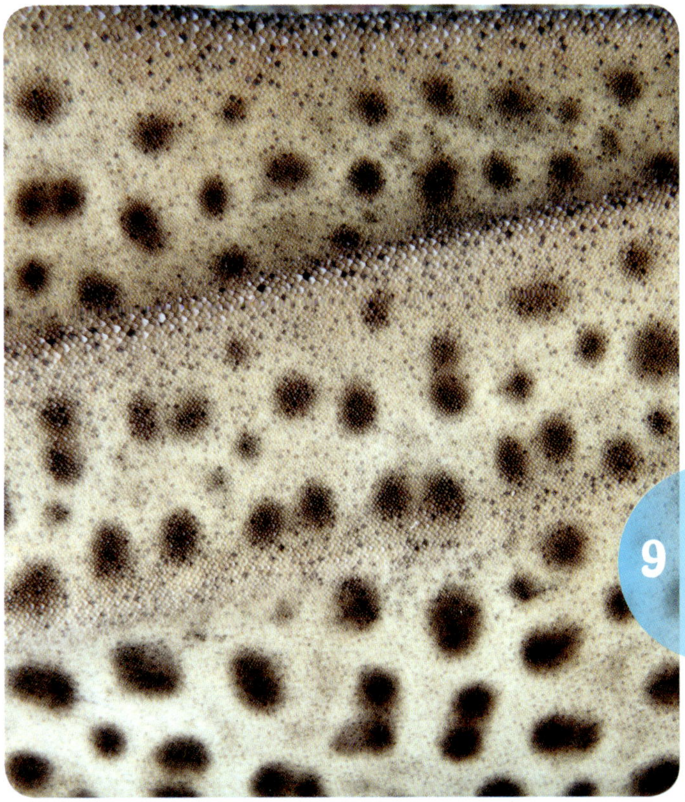

Les requins nagent la bouche ouverte afin que l'eau pénètre dans leurs branchies, des organes internes plumeux, pour y être filtrée. Les molécules d'oxygène sont envoyées dans le sang et les autres sont évacuées par les fentes branchiales situées de chaque côté de la tête. Les requins ne peuvent donc pas s'arrêter de nager, sinon ils s'étouffent !

Comme les poissons, certains requins sont ovipares : ils pondent des œufs qu'ils déposent sur le fond marin. Ceux-ci ne sont pas protégés par une coquille dure, mais par une poche très résistante dont la forme varie selon les espèces. D'autres spécimens, comme le grand requin blanc, sont ovovivipares : la femelle garde les œufs dans son ventre où les petits restent même après éclosion, jusqu'à ce qu'ils soient assez grands pour être expulsés ! Il arrive alors que les premiers bébés dévorent les œufs de leurs frères et sœurs qui n'ont pas encore éclos !

Les requins ont un sixième sens que l'on appelle l'électro-réception. Ils possèdent à la pointe de leur rostre des sortes de petits sacs de gelée reliés au cerveau par des nerfs. Ces ampoules de Lorenzini leur permettent de détecter les ondes électriques émises par les contractions musculaires des animaux autour d'eux, et donc de les localiser. Elles sont aussi indispensables pour évaluer la salinité et la température de l'eau, et donc de mesurer leurs déplacements. Chaque ampoule est indiquée par la présence d'un pore sombre sur la peau.

Les requins sont apparus sur la planète il y a plus de 400 millions d'années, soit très longtemps avant l'homme, présent sur Terre depuis à peine 2 millions d'années.
Il subsiste aujourd'hui environ 500 espèces de requins, d'un gabarit compris entre environ 20 cm pour le plus petit et près de 15 m pour le plus grand. Elles sont aussi d'apparence très diverse : fuselée, trapue, aplatie, avec un rostre large ou pointu, en scie ou en marteau, etc.

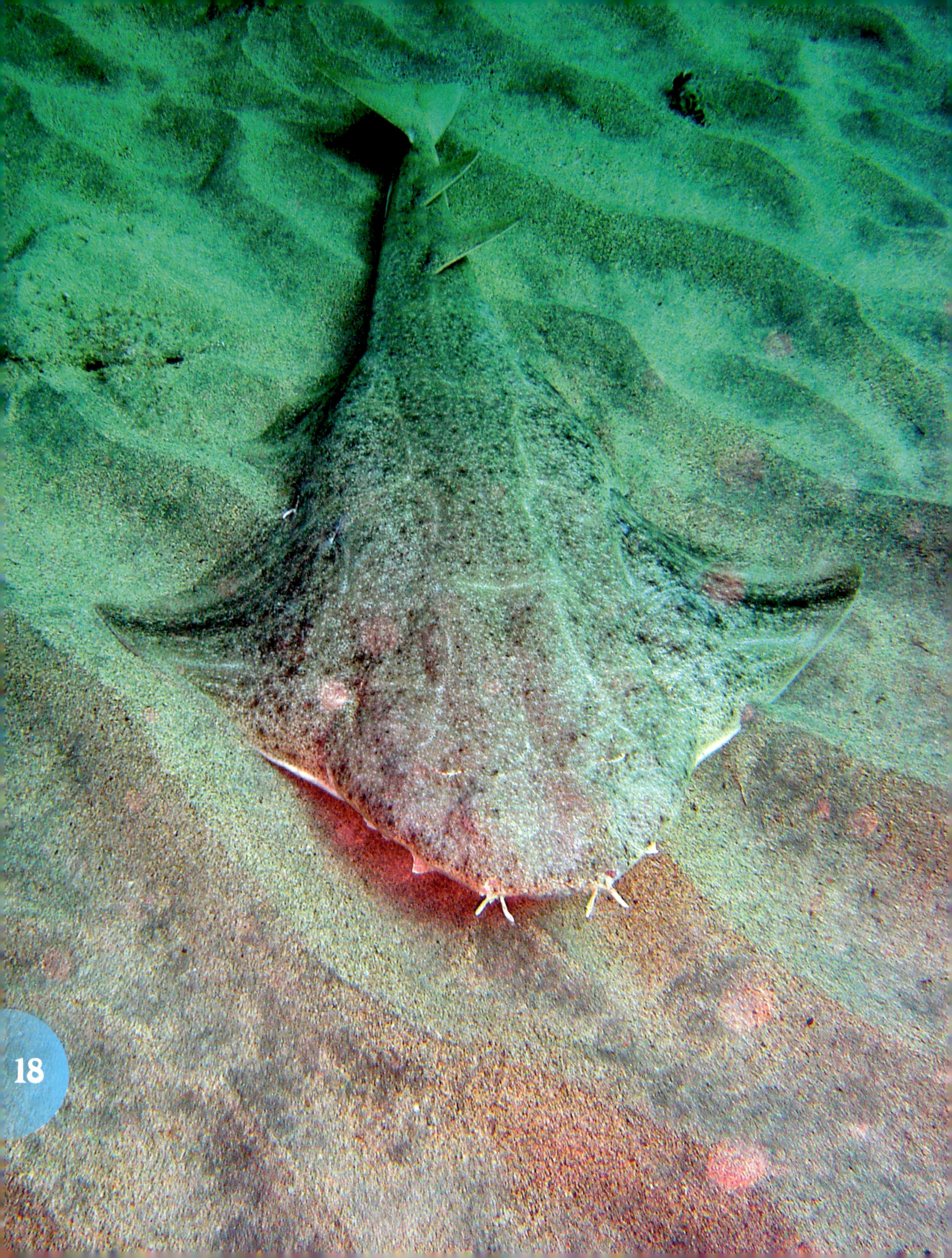

Les anges de mer se répartissent dans les eaux continentales tempérées et tropicales un peu partout sur la planète. Malgré leur silhouette évoquant la raie, ce sont bien des requins. Ils se distinguent par un corps aplati, un nez court pourvu de barbillons plus ou moins frangés selon les espèces, et de larges nageoires.

Il existe 13 espèces d'anges de mer regroupés sous un seul genre zoologique (*Squatina*). La majorité mesure moins d'1,60 m de long, mais une espèce au moins atteint 2 m.

Les anges de mer ont une peau mouchetée qui les rend invisibles aux yeux des prédateurs, quand ils se figent dans le sable ou la vase du fond marin. La plupart chassent la nuit, en embuscade, toutes sortes de poissons, mollusques et crustacés passant à leur portée. Ils happent leurs proies à la vitesse de l'éclair, en projetant sur elles leur mâchoire mobile qui se referme comme un piège.

Actif la nuit, le requin dormeur cornu peuple uniquement le littoral de la Californie, aux États-Unis. C'est un migrateur qui peut vivre jusqu'à 200 m de profondeur, mais reste généralement à moins de 15 m. Il se déplace souvent sur le fond marin en s'aidant de ses robustes nageoires pectorales, comme s'il marchait au lieu de nager.

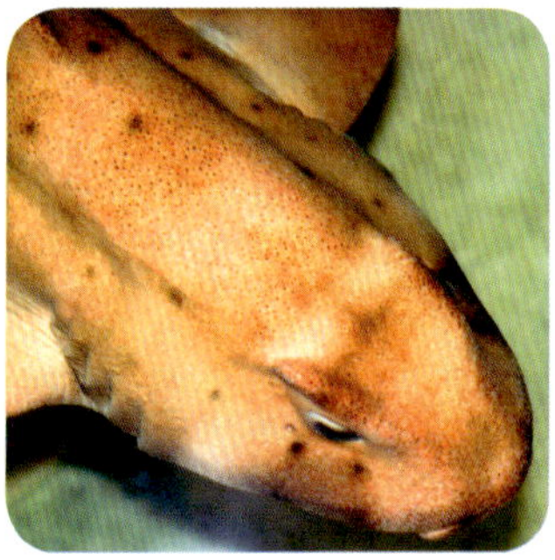

Endémique des eaux au sud de l'Australie, le requin dormeur de Port Jackson (ci-dessus) s'identifie facilement aux motifs de sa livrée, qui le dissimulent parfaitement dans les cavités où il se réfugie le jour.

Il existe une dizaine d'espèces de requins dormeurs. Toutes se répartissent dans les eaux chaudes et tempérées des océans Indien et Pacifique. Parmi elles, le requin dormeur cornu (à droite) et le requin dormeur de Port Jackson (à gauche) ont en commun de posséder des bourrelets au-dessus des yeux, ainsi qu'un dard venimeux à chacun de leurs deux ailerons dorsaux, probablement des armes pour repousser les prédateurs.

Le groupe des requins-tapis réunit des espèces très diverses, dont la plus petite, le requin-carpette à moustache, mesure environ 30 cm de long, et la plus grande, le requin-baleine, près de 15 m. Entre les deux, le requin-chabot ocellé avoisine 1 m, le requin-zèbre 2 m et le requin-tapis barbu 3 m.

Requin-baleine

Requin-nourrice

Requin-tapis barbu

Requin-zèbre

Requin-chabot ocellé

Les requins-tapis se distinguent notamment par la position de leurs yeux à l'avant de la bouche et par la présence plus ou moins abondante de barbillons, des filaments tactiles pour « sonder » leur environnement.

Les requins-nourrices vivent dans les eaux côtières jusqu'à 130 m de profondeur. Ces chasseurs nocturnes nagent au ras du fond marin pour détecter leurs proies (poissons osseux, raies, crustacés, calmars, etc.) grâce à leurs barbillons juste au-dessus de la bouche. Puis ils aspirent d'un coup leurs victimes. Ces requins sédentaires, qui peuvent atteindre 4,50 m de long, devraient leur nom à cette technique d'aspiration rappelant la succion d'un nourrisson.

Les animaux qui vivent près du fond marin ont souvent la peau ornée de motifs ressemblant à leur environnement, et parfois même des excroissances qui les rendent encore plus difficiles à déceler. Les requins-tapis barbus associent ces deux modes de camouflage. Les excroissances de peau autour de leur mâchoire évoquent des algues, ce qui les aide à passer inaperçus aux yeux de leurs proies comme les homards, les crabes et autres animaux des récifs.

Quand il est jeune, le requin-zèbre a effectivement la peau marquée de rayures blanches, mais en grandissant elle devient tachetée, d'où son autre nom de requin-léopard. D'un naturel paisible, il vit parmi les coraux, le plus souvent entre 5 et 30 m de profondeur. C'est là qu'il chasse la nuit de petits poissons, mais aussi des mollusques et des crustacés, dont il broie les coquilles et carapaces à l'aide de sa mâchoire puissante et de ses dents plates.

Le requin-baleine est le plus grand poisson du monde. Sa taille avoisine 15 m. Comme le requin pèlerin, c'est un pacifique colosse qui se nourrit de micro-organismes, mais engloutit aussi des bancs de petits poissons. Il aspire sa nourriture par sa bouche de près de 1,50 m de large contenant des milliers de dents minuscules, puis la filtre à l'aide de ses branchies. Le requin-baleine est un fameux migrateur, capable de parcourir des milliers de kilomètres, probablement pour rejoindre des régions où la nourriture est abondante et pour se reproduire dans les endroits les plus favorables.

Les requins ont le sang froid et dépensent en partie leur énergie à maintenir leur température à niveau constant malgré la froideur de l'eau. Mais ceux du groupe des requins-maquereaux possèdent une adaptation leur permettant de stocker la chaleur produite par leur organisme et d'attribuer l'énergie économisée à d'autres fonctions.

Les requins du groupe des requins-maquereaux se caractérisent également par leurs yeux dépourvus de membrane protectrice et qui, en cas de choc frontal, se retournent dans leur orbite pour être préservés.

Identifiable à son rostre conique et à son ventre blanc, le grand requin blanc est le squale le plus célèbre, bien qu'il soit rare et mal connu des biologistes. Atteignant 6 m de long, ce prédateur diurne dévore des poissons, mammifères marins et oiseaux de mer. Il est capable de bondir hors de l'eau pour les attraper ! S'il attaque parfois l'homme, celui-ci ne fait pas partie de son alimentation. Les victimes sont souvent des surfeurs qu'il confond avec des animaux marins.

Oscillant entre 3,20 m et 3,80 m de long, le requin mako est une espèce semi-côtière, évoluant en général jusqu'à 150 m de profondeur. Il peut parcourir des milliers de kilomètres chaque mois pour trouver nourriture et partenaires. Propulsé par sa queue épaisse et puissante, c'est l'un des requins les plus rapides. Cela lui permet de chasser des proies comme les dauphins et espadons, bien qu'il mange plus souvent du maquereau, du hareng ou du thon !

Mesurant jusqu'à 12 m de long pour un poids de 8 tonnes, l'inoffensif requin pèlerin est le plus gros requin après le requin-baleine. Il nage près de la surface la bouche ouverte pour se régaler de plancton.

Le requin-taureau fréquente généralement les milieux côtiers jusqu'à 220 m de profondeur, mais il s'aventure quelquefois au large et, dans certaines régions, il lui arrive de migrer en bancs. Il est reconnaissable à son dos arrondi, son museau étroit et ses petites nageoires pectorales. Son régime alimentaire se compose de poissons osseux, de raies, de crustacés et de céphalopodes (poulpes, calmars…). Ses longues dents fines et pointues lui permettent d'accrocher les proies les plus glissantes. Pour flotter comme il veut selon les circonstances, le requin-taureau doit stocker dans son estomac une quantité d'air qu'il aspire en surface et fait varier en fonction de ses besoins.

Il existe trois espèces de requins-renards, identifiables entre toutes à leur queue démesurée, parfois presque aussi longue que leur corps. C'est une véritable arme de chasse très puissante, dont ils se servent pour assommer, voire tuer leurs proies. Les requins-renards effectuent de longs parcours le plus souvent loin des rivages, mais ils s'en rapprochent en période de mise bas.

Les requins de l'ordre des Carcharhiniformes présentent plusieurs particularités : leurs yeux possèdent en plus de leurs paupières une membrane qui les protègent en cas de choc ; leur bouche est située en arrière des yeux ; ils ne disposent que de 5 branchies de chaque côté de la tête et sont dotés d'une nageoire anale.

Les Carcharhiniformes constituent le groupe dominant des requins. Il se compose de 9 familles rassemblant plus de 270 espèces, soit plus de la moitié des espèces existantes.

Il existe 3 espèces de requins-marteaux. Le requin-marteau tiburo est le plus petit (80 à 120 cm). C'est une espèce côtière des fonds sableux et vaseux. Le requin-marteau halicorne mesure plus de 4 m de long ; il vit près du littoral le jour et chasse au large la nuit. Le grand requin-marteau (6 m de long) est un migrateur qui nage jusqu'à 300 m de fond. Avaler une raie dotée d'un dard venimeux ne lui fait pas peur ! Tous ont leurs yeux et leurs narines situés à chaque extrémité de leur museau large et plat.

Avec son rostre arrondi, ses grands yeux et sa nageoire dorsale à l'extrémité blanche, le requin gris de récif est relativement répandu le long des continents ou des îles éloignées. Il peut vivre jusqu'à 800 m de fond, bien que les individus les plus jeunes préfèrent les eaux moins profondes pour éviter de croiser trop de prédateurs. Des raies-aigles, des poulpes et d'autres requins plus petits sont régulièrement au menu de ce squale, qui peut atteindre 3 m de long.

Identifiable à ses longues nageoires pectorales arrondies, le requin longimane (ou requin océanique) vit dans le plein océan, à moins de 200 m de profondeur. Il se nourrit essentiellement de gros poissons tels que des barracudas, thons, marlins, dorades…

Le requin-bouledogue est capable de vivre à la fois en eau salée et en eau douce. Il remonte parfois des fleuves et rivières sur des centaines de kilomètres pour de longs séjours, mais son habitat favori reste les eaux côtières peu profondes. Ce prédateur opportuniste se nourrit surtout de poissons et, à l'occasion, de tortues, d'oiseaux, de dauphins et même de mammifères terrestres venus trop près de l'eau. Il est considéré comme l'un des requins les plus dangereux.

Reconnaissable aux taches à l'extrémité de toutes ses nageoires, le requin à pointes noires (en haut) vit en groupe, à faible profondeur, près des récifs côtiers où il capture mollusques, crustacés et petits poissons. Sa longueur n'excède pas 2 m. D'environ 4,50 m de long pour 750 kg en moyenne, le requin-tigre (en bas) tire son nom de ses stries, qui s'estompent toutefois avec l'âge. Charognard à ses heures, il évolue près des côtes, mais aussi en haute mer.

Très élancé, avec de longues nageoires pectorales et de grands yeux ronds, le requin bleu (en haut) est un migrateur présent dans tous les océans (sauf l'Arctique). Sa peau est bleutée sauf au niveau du ventre, qui reste blanc. Le requin-citron (en bas) doit son nom à la couleur jaune olivâtre de sa peau. Dépassant 3 m de long, il réside près du littoral, en eau peu profonde, où il vit en groupe et chasse la nuit d'autres poissons.

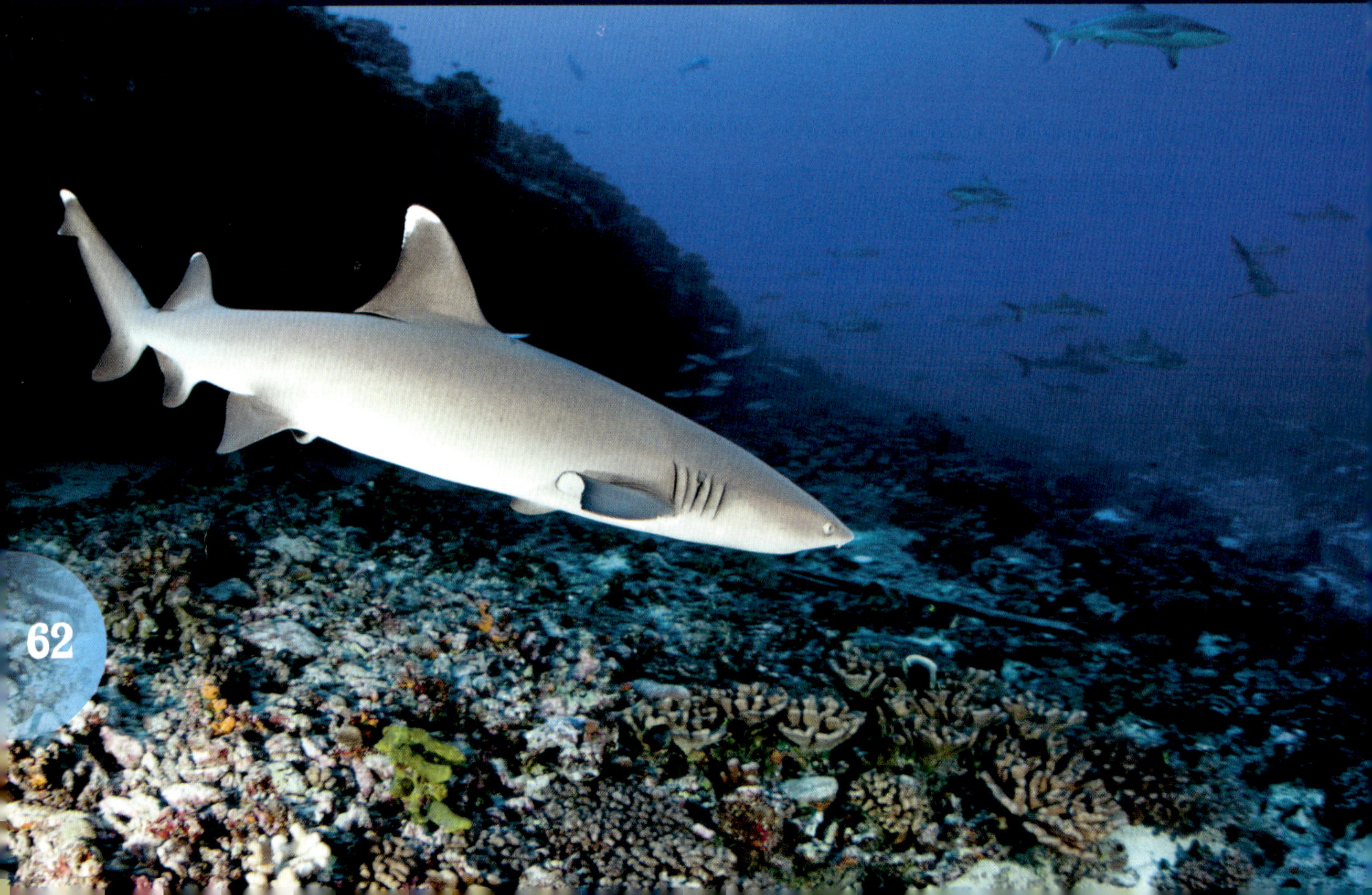

Le requin bordé (en haut) habite les eaux côtières, rarement à plus de 30 m de fond. Il forme des groupes clairsemés, mâles et femelles restant séparés en dehors de la période de reproduction. Les poissons constituent l'essentiel de son régime alimentaire. Il a la particularité d'exécuter de spectaculaires pirouettes hors de l'eau !
Le requin-corail (en bas) se caractérise par son rostre court et les taches blanches de ses extrémités dorsales. La nuit, il rôde parmi les récifs, entre 10 et 40 m, en quête de nourriture. Le jour, il s'y repose au calme des grottes, parfois en compagnie de congénères.

Cousines des requins, les raies ont aussi un squelette cartilagineux. Elles se distinguent, entre autres, par un corps aplati qui place leurs branchies en face ventrale, ainsi que des nageoires pectorales développées, solidaires du corps de la tête à la queue. La plupart des raies donnent ainsi l'impression de voler quand elles nagent...

Moins connues que les requins, le nombre d'espèces de raies leur est pourtant supérieur. Pour attaquer et se défendre, certaines possèdent un dard venimeux ou peuvent infliger des décharges électriques.

La raie manta fréquente les eaux tropicales de la planète, non loin des côtes. C'est un poisson géant pouvant dépasser 6 m d'envergure. Elle se nourrit de micro-organismes, qu'elle filtre après les avoir guidés vers sa bouche à l'aide de ses lobes céphaliques, les deux « spatules » de chaque côté de sa tête. Il lui arrive de sauter hors de l'eau, mais on ignore si elle fuit ainsi un prédateur, se débarrasse de parasites ou communique avec des congénères.

La raie-guitare maculée (à gauche) et le poisson-scie (à droite) sont souvent confondus avec des requins à cause de leur aileron et leur corps fuselé. Mais ce sont bien des raies ! Si la première se cache dans le fond sableux pour surprendre ses proies, la seconde utilise son rostre dentu pour le ratisser et débusquer seiches, crustacés et petits poissons.

Crédits photographiques :

Couverture :
FOTOLIA : puddingpie - thomas hasenberger - Copyright:Sergey Novikov (SerrNovik) ripicts.com - Andrea Izzotti - Arvydas Kniukšta - deinos25 - frantisek hojdysz
123Rf : Nathan Ciurzynski

Jaquette :
FOTOLIA : Paul Vinten - puddingpie - cphoto - BlueOrange Studio - Sergey Dubrov / serg@sergi.spb.ru - pengyou92 - Richard Carey - Jose Hernaiz - Dudarev Mikhail
123RF : © David W. Pimborough all rights reserved 2013

Intérieur :
FOTOLIA :
P4 Richard Carey - P5 Marco Desscouleurs - P6 Sebastien Burel - P8 E Hoffmann / 2 T'wagen Road Marina Da gama South Africa - P9 Ocean spirit - P11 Ocean spirit - P12 Andrea Izzotti - P13 kleinermann82 - P15 Ocean spirit / DMITRI MARUTA / D.R. - P16 ©Carol Buchanan P17 Brandelet Didier - P19 macdivers - P21 macdivers - P24 Roland Bircher / Darren Scanlin - P26 diverstef - P27 sdubrov / surub / Jeremy K Brown / zeamonkeyimages / Frank - P29 lioneldivepix - P30 ead72 - P32 Ian Scott / Olga Khoroshunova - P33 Ian Scott / Olga Khoroshunova - P34 crisod / crisod - P35 kaschibo / Richard Carey - P37 Berwyn Jay - P37 jagronick / Vladimir Mucibabic - P38 puddingpie - P39 cdelacy / jagronick - P44 Moreno Novello / alexandro900 - P45 Kletr / b.neeser - P47 Aline Hebenstreit - P48 cbpix - P49 Ian Scott / Andrea Izzotti - P50 Brandelet Didier - P51 Paul Vinten / Ian Scott - P52 Andrea Izzotti - P53 Andrea Izzotti - P54 jamesdawson - P58 cbpix - P59 Christopher Bartlett / Ian Scott - P62 2436digitalavenue - P63 2436digitalavenue - P64 Martin Wilkinson - P65 lilithlita / lilithlita / sunt - P66 uwimpressions - P67 haveseen / BlueOrange Studio - P68 andamanse

123RF :
P9 Michal Bednarek / aquafun - P10 ©Anna Phillips - P14 Paul Vinten - P19 aquafun - P20 aquafun - P21 Kevin Griffin - P25 Joe Belanger / Kevin Griffin - P28 vilainecrevette - P29 andamanse - P30 Andrea Izzotti / Andrea Izzotti - P31 Timothy Balcomb - P37 © Greg Amptman / ftlaudgirl - P41 Greg Amptman / © Greg Amptman - P46 ftlaudgirl - P49 andamanse / Krzysztof Odziomek / MARIA LUISA LOPEZ ESTIVILL - P53 Jeremy K Brown - P57 andamanse - P60 Michael Bogner - P62 Christopher Alleaume - P63 Christopher Alleaume - P65 Jose Angel Astor Rocha / Jill Lang - P68 Brad Jenkins - P69 (C) 2013 TOGNONIPhotography.com / © Shaun Wilkinson 2014

CANSTOCK :
P45 IMaster

SHUTTERSTOCK :
P16 Greg Amptman - P18 Stephen Nash - P23 Greg Amptman / DJ Mattaar - P40 Greg Amptman - P46 Beara-creative

THINKSTOCK :
P2 ShaneGross - P7 irin717 - P22 KGrif - P23 Henrik Lehnerer / Searsie / Searsie - P40 Pat Bonish - P42 Rebecca-Belleni-Photography - P43 Rebecca-Belleni-Photography - P49 © 2014 Ricardo Ramos - P52 Marco_Zucchini - P55 ShaneGross - P56 Fiona Ayerst - P57 Fiona Ayerst - P58 Amanda Cotton - P59 yfhishinuma - P60 Vpommeyrol - P61 Vpommeyrol / shalamov - P70 ShaneGross

Textes : Christine Baillet